SYLVANUS Mulowayi Wa Kayumba

MBWA AKATI SINGA (HORS LA LOI)

SYLVANUS Mulowayi Wa Kayumba

MBWA AKATI SINGA (HORS LA LOI)

En Français, Anglais, Portugais, Chinois & Japonais

Éditions Croix du Salut

Cover image: www.ingimage.com

Publisher:
Éditions Croix du Salut
is a trademark of
Dodo Books Indian Ocean Ltd., member of the OmniScriptum S.R.L Publishing group
str. A.Russo 15, of. 61, Chisinau-2068, Republic of Moldova Europe
Printed at: see last page
ISBN: 978-620-3-84295-1

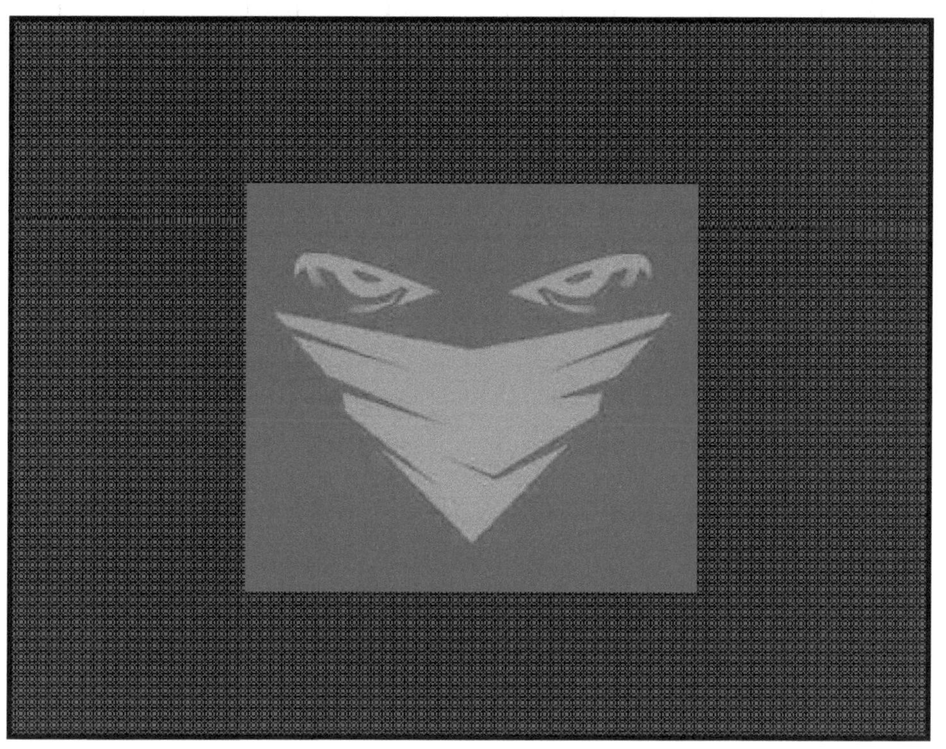

MBWA AKATA NSINGA

Un Chien Ayant Coupé la Corde d'Attache

Sylvanus Mulowayi Wa Kayumba

MBWA AKATA NSINGA

Un Chien Ayant Coupé la Corde d'Attache

INTRODUCTION

A Kinshasa, la capitale de mon pays la République Démocratique du Congo, une personne hors la loi, un bandit, un voleur ou un débauché est appelé 'mbwa akata nsinga' en Lingala qui est une des langues véhiculaires du pays.

Pareille personne ne vit que sans loi et sans cœur. C'est pratiquement un électron nuisible libre qui croit que ses besoins doivent être à la charge des autres.

Tout ce qui est bon et beau lui appartient et il ne rend compte à personne.

Nous allons essayer dans la mesure du possible à parcourir ce sujet en 5 dimensions fondamentales de la vie :

- La dimension spirituelle,
- La dimension physique,
- La dimension matérielle,
- La dimension financière et
- La dimension émotionnelle.

L'homme a deux parties essentielles :

- Le corps et
- L'esprit.

Nous avons l'homme extérieur qui vit avec les 5 sens et l'homme intérieur qui se sert des 3 facultés.

L'avion vole dans les airs. Le véhicule roule sur la route. Le bateau se déplace en flottant sur les eaux et le train utilise le chemin de fer.

L'homme est appelé à vivre dans l'observation des lois de Dieu et de celles de la société dans laquelle il évolue.

Tout va bien quand il se comporte comme un chien attaché, mais dès qu'il coupe la corde, il devient un errant sans sens et sans réserve.

Il perd ainsi le contrôle et la soumission et s'égare davantage loin de son maître. Il oublie sa mission et ses limites et cherche à voler comme un oiseau du ciel !

Le 'mbwa akata nsinga' est appelé à revenir à son lieu d'attache pour continuer sa mission dans l'obéissance et la fidélité à son maître.

Satan, anciennement appelé Lucifer coupa la corde d'attache dans les cieux où il n'y avait ni femme, ni argent.

J'entends souvent dire que les 2 grands fléaux qui détruisent le monde sont :

- La femme et
- L'argent.

Cela sonne un peu bien du coup, mais en allant plus loin dans la réflexion, on se rend compte qu'il y a encore d'autres fléaux que l'on laisse traîner dans le tiroir de la rébellion et de la désobéissance tels que :

- L'orgueil,
- La torsion des écritures,
- La spéculation,
- L'égoïsme,
- Le mensonge,
- La rébellion aux parents
- L'ingratitude,
- L'incrédulité,
- L'insensibilité,
- La déloyauté,
- L'intempérance,

- La cruauté,
- L'inimitié du bien,
- La traitrise,
- L'amour du plaisir et non celui de Dieu,
- L'hypocrisie

Cette liste n'est nullement pas exhaustive !

Dans la sphère spirituelle, Dieu nous a créés tous le même jour à son image, à sa ressemblance et dans la loi de la multiplication, de l'addition et la domination.

Notre attitude spirituelle devra être celle de ressemble à Dieu comme une plante est liée à la semence et à son espèce.

Nous ne sommes pas venus dans ce monde pour devenir des esclaves du péché. Nous ne devrions pas baisser la garde car tant que nous vivrons, le diable qui avait déjà échoué au ciel nous fera la guerre pour nous faire perdre le chemin de la vie éternelle.

Quand l'on échoue dans la dimension spirituelle, les autres dimensions vont suivre cette défaite lentement par les escaliers et enfin de compte ce sera la ruine totale de toute l'édifice.

Satan échoua dans le ciel et fut précipité sur la terre après la guerre contre l'armée de Michael et fut vaincu avec les siens.

C'est quand il rentrera au ciel du temps de Job qu'il se rendra compte que sa place était déjà occupé et il resta debout toutes de 2 fois qu'il fut reçu calmement par Dieu.

Sans guerre, sans langage déplacé, il rentra finalement sur la terre pour continuer à roder comme un lion autour des enfants de Dieu.

Adam et Eve vécurent plus de 900 ans après leur chute dans le filet du serpent ancien et moururent comme Dieu leur avait prévenu d'emblée.

Caïn mourut un jour en dépit du sceau qu'il reçut de Dieu sur son front après avoir tué son jeune-frère Abel, le juste !

La présence de Dieu est notre cité de refuge dans laquelle il n'y a que de brebis sous la conduite de l'Agneau de Dieu qui enlève le péché du monde.

Et dès le domaine spirituel se stabilise, les autres domaines tiendront le coup car le point d'appui est solide.

Un docteur de la loi, Nicodème passa à côté de la chose spirituelle que ramassa la femme samaritaine.

Ce qui est né de la chair est charnel et ce qui est né de l'esprit est spirituel.

Que notre priorité soit le royaume des cieux et Dieu nous donnera toute chose par surcroît.

Que celui qui a des oreilles pour entendre, entende ce que l'esprit dit aux enfants de Dieu.

Et que celui qui a gardé sa corde de fidélité et d'obéissance envers Dieu au cou aille chercher le 'mbwa akata nsinga' dans les champs de péché et de la passion de la chair !

L'Auteur

ANGLAIS

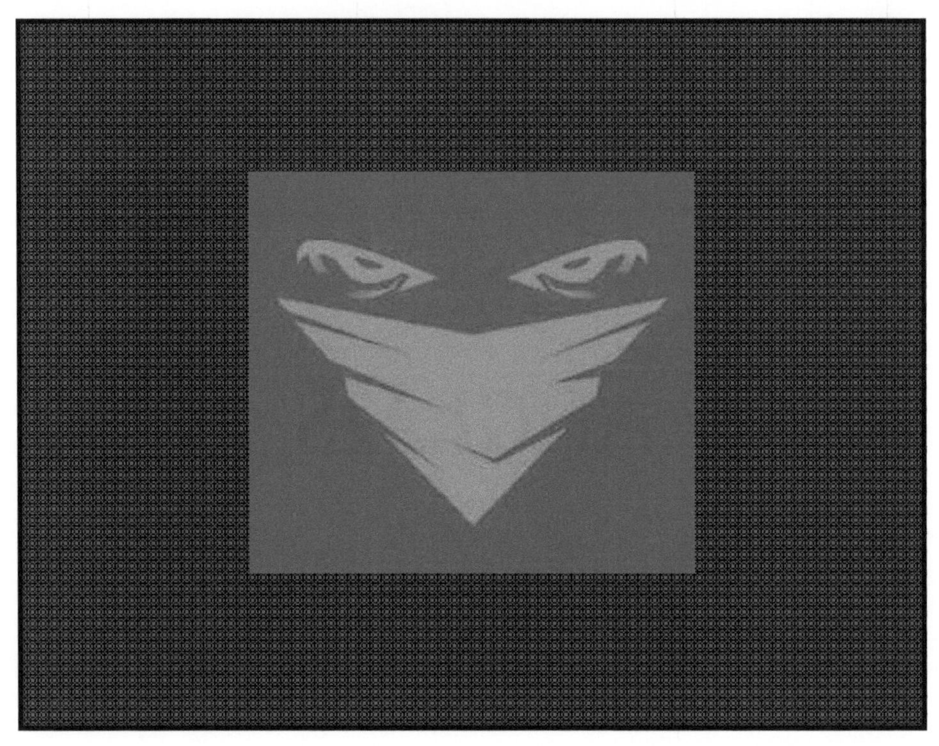

MBWA AKATA NSINGA

A Dog Having Cut the Tie Rope

Sylvanus Mulowayi Wa Kayumba

MBWA AKATA NSINGA

A Dog Having Cut the Tie Rope

INTRODUCTION

In Kinshasa, the capital of my country the Democratic Republic of Congo, an outlaw, a bandit, a thief or a debauchery is called 'mbwa akata nsinga' in Lingala that is one of the main languages of the country.

Such a person only lives without law and without heart. He is practically a free harmful electron who believes his needs should be borne by others.

All that is good and beautiful belongs to him and he does not account to anyone.

We will try as much as possible to cover this subject in 5 fundamental dimensions of life:

- The spiritual dimension,
- The physical dimension,
- The material dimension,
- The financial dimension and
- The emotional dimension.

Man has two essential parts:

- The body and
- The mind.

We have the outer man who lives with the 5 senses and the inner man who uses the 3 faculties.

The plane is flying in the air. The vehicle is driving on the road. The boat moves by floating on the waters and the train uses the railroad.

Man is called to live by observing the laws of God and those of the society in which he operates.

Everything is fine when he behaves like a tied dog, but as soon as he cuts the rope he becomes a senseless and unreserved stray.

He thus loses control and submission and strays further away from his master. He forgets his mission and his limits and tries to fly like a bird in the sky!

The 'mbwa akata nsinga' is called to return to his home base to continue his mission in obedience and fidelity to his master.

Satan, formerly known as Lucifer, cut the binding rope in the heavens where there was neither woman nor money.

I often hear it said that the 2 great plagues that destroy the world are:

- The woman and
- Money.

It sounds a bit good all of a sudden, but as we go further in the reflection, we realize that there are still other plagues that we leave lying around in the drawer of rebellion and disobedience such as:

- Pride,
- Twisting of the scriptures,
- Speculation,
- Selfishness,
- Lies,
- Rebellion against parents
- Lack of gratitude,
- Disbelief,
- Insensitivity,
- Disloyalty,
- Lack of temperance,
- Cruelty,
- Enmity of good,
- Treachery,
- Love of pleasure and not that of God,
- Hypocrisy

This list is by no means exhaustive!

In the spiritual realm, God created us all on the same day in his image and likeness and in the law of multiplication, addition and rulership.

Our spiritual attitude should be that of resembling God as a plant is related to the seed and its species.

We did not come to this world to become slaves to sin. We should not let our guard down because as long as we live, the devil who had already failed in heaven will wage war against us to make us lose the way to eternal life.

When one fails in the spiritual dimension, the other dimensions will follow this defeat slowly up the stairs and eventually it will be the total ruin of the whole edifice.

Satan stranded in heaven and was cast down to earth after the war with Michael's army and was defeated along with his own.

It is when he returned to heaven in Job's time that he will realized that his place was already occupied and he remained standing every 2 times he was received calmly by God.

Without war, without inappropriate language, he finally returned to earth to continue to prowl like a lion around the children of God.

Adam and Eve lived more than 900 years after they fell into the ancient serpent's net and died as God had warned them from the start.

Cain one day died despite the seal he received from God on his forehead after killing his younger brother Abel, the righteous!

God's presence is our refuge city in which there are only sheep under the leadership of the Lamb of God who takes away the sin of the world.

And as soon as the spiritual realm stabilizes, the other realms will hold up because the fulcrum is solid.

A doctor of the law, Nicodemus passed by the spiritual thing that the Samaritan woman picked up.

What is born of the flesh is carnal and what is born of the spirit is spiritual.

May our priority be the kingdom of heaven and God will give us everything in addition.

Let him who has ears to hear hear what the spirit says to the children of God.

And whoever has kept his cord of fidelity and obedience to God around his neck, go and seek the ‘mbwa akata nsinga’ in the fields of sin and the passion of the flesh!

The Author

PORTUGAIS

MBWA AKATA NSINGA

Um cachorro cortando a corda de amarração

Sylvanus Mulowayi Wa Kayumba

MBWA AKATA NSINGA

Um cachorro cortando a corda de amarração

INTRODUÇÃO

Em Kinshasa, a capital do meu país, a República Democrática do Congo, um fora-da-lei, um bandido, um ladrão ou um libertino é chamado 'mbwa akata nsinga' no Lingala que é uma das principais línguas do país.

Essa pessoa só vive sem lei e sem coração. Ele é praticamente um elétron nocivo livre que acredita que suas necessidades deveriam ser suportadas por outros.

Tudo o que é bom e belo pertence a ele e ele não presta contas a ninguém.

Tentaremos, tanto quanto possível, cobrir este assunto em 5 dimensões fundamentais da vida:

- A dimensão espiritual,
- A dimensão física,
- A dimensão material,
- A dimensão financeira e
- A dimensão emocional.

O homem tem duas partes essenciais:

- O corpo e
- A mente.

Temos o homem exterior que vive com os 5 sentidos e o homem interior que usa as 3 faculdades.

O avião está voando no ar. O veículo está circulando na estrada. O barco se move flutuando nas águas e o trem usa a ferrovia.

O homem é chamado a viver observando as leis de Deus e da sociedade em que opera.

Tudo está bem quando ele se comporta como um cachorro amarrado, mas assim que ele corta a corda torna-se um vagabundo sem sentido e sem reservas.

Ele então perde o controle e a submissão e se afasta ainda mais de seu mestre. Ele esquece sua missão e seus limites e tenta voar como um pássaro no céu!

O 'mbwa akata nsinga' é chamado a retornar à sua base para continuar sua missão em obediência e fidelidade ao seu mestre.

Satanás, anteriormente chamado de Lúcifer, cortou a corda de amarração nos céus onde não havia mulher nem dinheiro.

Costumo ouvir dizer que as 2 grandes pragas que destroem o mundo são:

- A mulher e
- Dinheiro.

De repente parece um pouco bom, mas à medida que avançamos na reflexão, percebemos que ainda existem outras pragas que deixamos na gaveta da rebelião e da desobediência, tais como:

- Orgulho,
- A distorção das escrituras,
- A especulação,
- Egoísmo,
- A mentira,
- A rebelião contra os pais
- ingratidão,
- Descrença,
- Insensividade,
- Deslealdade,
- Intemperança,
- Crueldade,
- A inimizade do bem,
- Traição,
- Amor ao prazer e não a Deus,
- Hipocrisia

Esta lista não é exaustiva!

No reino espiritual, Deus nos criou todos no mesmo dia à sua imagem e semelhança e na lei da multiplicação, adição e governo.

Nossa atitude espiritual deve ser semelhante a Deus como uma planta se relaciona com a semente e sua espécie.

Não viemos a este mundo para nos tornarmos escravos do pecado. Não devemos baixar a guarda porque, enquanto vivermos, o diabo que já falhou no céu fará guerra contra nós para nos fazer perder o caminho para a vida eterna.

Quando alguém falha na dimensão espiritual, as outras dimensões irão seguir essa derrota lentamente subindo as escadas e, eventualmente, será a ruína total de todo o edifício.

Satanás encalhou no céu e foi lançado à terra após a guerra contra o exército de Miguel e foi derrotado junto com o seu próprio.

É quando ele retornar ao céu no tempo de Jó que ele perceberá que seu lugar já estava ocupado e ele permaneceu em pé a cada 2 vezes que foi recebido com calma por Deus.

Sem guerra, sem linguagem imprópria, ele finalmente voltou à Terra para continuar a rondar como um leão ao redor dos filhos de Deus.

Adão e Eva viveram mais de 900 anos depois de cair na rede da antiga serpente e morreram conforme Deus os havia alertado desde o início.

Caim um dia morreu apesar do selo que recebeu de Deus em sua testa depois de matar seu irmão mais novo Abel, o justo!

A presença de Deus é nossa cidade de refúgio, na qual existem apenas ovelhas sob a liderança do Cordeiro de Deus que tira o pecado do mundo.

E assim que o reino espiritual se estabilizar, os outros reinos se manterão porque o fulcro é sólido.

Doutor da lei, Nicodemos passou pelo lado espiritual que a mulher samaritana aprendeu.

O que nasce da carne é carnal e o que nasce do espírito é espiritual.

Que nossa prioridade seja o reino dos céus e Deus nos dará tudo além disso.

Aquele que tem ouvidos para ouvir o que o espírito diz aos filhos de Deus.

E que aquele que manteve seu cordão de fidelidade e obediência a Deus em seu pescoço, vá e busque ‘mbwa akata nsinga’ nos campos do pecado e da paixão da carne!

O autor

CHINOIS

MBWA AKATA NSINGA

一条剪了扎绳的狗

Sylvanus Mulowayi Wa Kayumba

MBWA AKATA NSINGA

一条剪了扎绳的狗

介绍

在我国的首都刚果民主共和国金沙萨，一个叫**徒，匪徒，小**偷或放荡的地方被称为 'mbwa akata nsinga'**在林加拉**语是该国的主要语言之一。

这样的人只能没有法律，没有心地生活。他实际上是自由的有害电子，他认为自己的需要应该由其他人承担。

美好和美好的一切都属于他，他对任何人都不负责。

我们将尝试在生活的**5个基本方面尽可能覆盖**这个主题：

·**精神**层面，

·**物理尺寸，**

·**材料尺寸，**

·财务方面和

·**情感方面。**

人有两个基本部分：

·**身体和**

·**思想。**

我们有一个外在的人用五种感官生活，而内在的人用这三种能力。

飞机在空中飞行。车辆在道路上行驶。船在水面上漂浮而移动，而火车则使用铁路。

人们被要求通过遵守上帝的法律和他所从事的社会的法律生活。

当他表现得像只被绑住的狗时，一切都很好，但是一旦他剪断绳索，他就会变得毫无意义而毫无保留的流浪。

因此，他失去了控制力和顺从性，与他的主人流连了。他忘记了自己的使命和极限，试图像天上的小鸟一样飞翔！

« mbwa akata nsinga » **被要求返回自己的基地**，继续他对主人的服从和忠诚。

撒旦（原名路西法）在没有女人也没有钱的天堂砍断了绑绳。

我经常听到它说破坏世界的**2大灾**难是：

· **女人和**

· **金**钱。

听起来似乎有些突然，但是当我们进一步思考时，我们意识到还有其他困扰我们躺在叛乱和不服从的抽屉里，例如：

· **自豪**，

· 经文的扭曲，

· **推**测，

·**自私**,

·谎言，

·**背叛父母**

·**不感激**,

·难以置信，

·**不敏感**,

·**不忠**诚，

·节制

·**残忍**,

·对善的仇恨，

·**背叛**,

·爱享乐而不是爱上帝，

·**虚**伪

此列表绝非详尽无遗！

在属灵领域，上帝在同一天以他的形像和相乘以及相乘，相加和统治的律法创造了我们所有人。

我们的属灵态度应该是像上帝一样，是一种与种子及其物种有关的植物。

我们没有来到这个世界成为罪的奴隶。我们不应该放松警惕，因为只要我们活着，已经在天堂失败了的恶魔就会对我们发动战争，使我们迷失通往永生的道路。

当一个人在精神层面上失败时，其他层面将随着这场失败而慢慢上升，最终将是整个大厦的全部废墟。

撒但困在天堂，在与迈克尔的军队作战后被放逐到人间，并与他的军队一起被击败。

当他在约伯时代回到天堂时，他会意识到自己的住所已经被占领，并且每两次被上帝平静地接待他，他便保持站立。**没有**战争，没有不恰当的语言，他终于回到了地球，继续像狮子一样徘徊在上帝的儿女身边。

亚当和夏娃掉入古蛇网中已有900**多年的**历史，并因上帝从一开始就警告他们而死。

该隐有**一天死了，尽管他**杀死了他的弟弟阿贝尔（义人）后从额头上得到了上帝的封印！

上帝的同在是我们的避难之城，在上帝的羔羊的带领下，只有羊群带走了世界的罪孽。

并且一旦精神领域稳定下来，其他领域就会成立，因为支点是牢固的。

尼哥底母是位法学博士，不顾撒玛利亚妇人捡拾的属灵事物。**肉体所生的是肉体，灵性所生的是灵性。愿我**们的首要任务是天国，上帝会给我们一切。

让那些有耳可听的人听听精神对上帝的儿女说了些什么。

愿那一直忠于上帝，顺服上帝的人绕过他的脖子，去寻求‘mbwa akata nsinga’**在罪**恶和肉体的激情中！

作者

JAPONAIS

MBWA AKATA NSINGA

ネクタイロープを切った犬

Sylvanus Mulowayi Wa Kayumba

MBWA AKATA NSINGA

ネクタイロープを切った犬

前書き

私の国の首都であるキンシャサでは、コンゴ民主共和国、無法者、盗賊、泥棒、または堕落者が呼ばれています'mbwa akata nsinga'国の主要言語の1つであるリンガラで。

そのような人は法律も心もなく生きるだけです。彼は事実上無料の有害な電子であり、彼のニーズは他の人が負担すべきだと信じています。

良くて美しいものはすべて彼のものであり、彼は誰にも責任を負いません。私たちは、人生の5つの基本的な側面でこの主題をカバーするために可能な限り努力します：

·精神的な側面、

·物理的寸法、

·材料の寸法、

·財務面と

·感情的な側面。

人には2つの重要な部分があります。

·体と

·心。

五感で生きる外人と三学部を使う内人がいます。

飛行機は空を飛んでいます。車両は道路を走行しています。ボートは水に浮かんで移動し、列車は鉄道を利用します。人は神の法則と彼が活動する社会の法則を守ることによって生きるように召されています。

彼が縛られた犬のように振る舞うときはすべてが大丈夫です、しかし彼がロープを切るとすぐに彼は無意味で自由な迷子になります。

したがって、彼は制御と服従を失い、主人から遠く離れます。彼は自分の使命と限界を忘れて、空を鳥のように飛ばそうとします！ 'mbwa akata nsinga'彼の主人への従順と忠実さで彼の使命を続けるために彼の本拠地に戻るように呼ばれます。

以前はルシファーと呼ばれていたサタンは、女性もお金もない天国で拘束ロープを切りました。

世界を破壊する2つの大きな疫病は次のとおりだとよく言われます。

·女性と

· お金。

突然少し良さそうに聞こえますが、振り返ってみると、反逆と不従順の引き出しの中に、次のような他の疫病がまだ残っていることがわかります。

·プライド、

·経典のねじれ、

·憶測、

·わがまま、

·うそ、

·両親に対する反逆

·感謝の気持ち、

·不信、

· 無神経、

·不忠、

·不寛容、

·残酷、

·善の敵意、

·裏切り、

·神の愛ではなく、喜びの愛、

·偽善

このリストは決して網羅的なものではありません！

精神的な領域では、神は彼のイメージと似姿、そして増殖、加算、支配の法則で私たち全員を同じ日に創造しました。

私たちの精神的な態度は、植物が種子とその種に関連しているので、神に似ているというものでなければなりません。

私たちは罪の奴隷になるためにこの世界に来たのではありません。私たちが生きている限り、すでに天国で失敗した悪魔は私たちに対して戦争を行い、私たちを永遠の命への道を失うことになるので、私たちは警戒を怠ってはなりません。精神的な次元で失敗すると、他の次元はこの敗北に続いてゆっくりと階段を上って行き、最終的には建物全体の完全な破滅になります。

サタンは天国で立ち往生し、マイケルの軍隊との戦いの後に地球に投げ落とされ、彼自身の軍隊と一緒に敗北しました。

ヨブの時代に天国に戻ったとき、彼は自分の場所がすでに占領されていて、2回ごとに立ったままで神に静かに迎えられたことに気付くでしょう。

戦争もなく、不適切な言葉もなく、彼はついに地球に戻り、神の子供たちの周りをライオンのようにうろつき続けました。

アダムとイブは、古代の蛇の網に落ちてから900年以上生き、神が最初から警告していたように死にました。

ある日、カインは、義人である弟のアベルを殺した後、額に神から封印を受けたにもかかわらず、亡くなりました。神の臨在は、世の罪を取り除く神の小羊の指導の下に羊だけがいる私たちの避難都市です。

そして、精神的な領域が安定するとすぐに、支点がしっかりしているので、他の領域は持ちこたえます。

法の医者であるニコデムスは、サマリタンの女性が拾った霊的なものを通り過ぎました。

肉から生まれるものは肉欲であり、精神から生まれるものは精神的です。

私たちの優先事項が天国であり、神が私たちにすべてを加えてくれるように。

耳のある人に、霊が神の子供たちに言うことを聞かせてください。

そして、神への忠実さと従順の綱を首の周りに保ち続けてきた彼が、行って、'mbwa akata nsinga'罪と肉の情熱の分野で！

著者

Table des matières

Printed by Books on Demand GmbH, Norderstedt / Germany